*Collection de l'Histoire par le Bibelot*

Henri DARAGON

LE TZAR et la TZARINE DES BULGARES

A PARIS

23-28 JUIN 1910

**Programme des Fêtes. — Décoration publique et privée
Cartes postales. — Bibelots. — Pièces officielles**

OUVRAGE ORNÉ DE PLANCHES HORS TEXTE

H. DARAGON, Libraire-Éditeur
96-98, Rue Blanche, 96-98
PARIS (IXe)

Le TZAR & la TZARINE

des

BULGARES

A PARIS

23-28 JUIN 1910

INTRODUCTION

Le Bureau du Conseil Municipal de Paris publiera certainement, suivant un noble usage, en un volume très artistique, une « Relation » du Voyage du Tzar et de la Tzarine des Bulgares à Paris, nous n'avons pas la prétention de publier ici un ouvrage aussi officiel, mais nous avons l'intention d'éditer aujourd'hui un travail qui saura refléter au lendemain du voyage de Leurs Majestés, l'impression parisienne et de noter ici nos remarques personnelles.

Nous avons en effet suivi les Souverains bulgares dans leurs nombreuses sorties dans Paris. Mêlé à la foule nous avons scrupuleusement recueilli les ovations qui éclataient spontanément sur le passage de Leurs Majestés et muni de notre appareil photographique nous nous sommes efforcé d'obtenir des clichés inédits.

Cet ouvrage est le 15ᵉ que publie la « Collection de l'Histoire par le Bibelot. » — Bien que l'industrie du bibelot parisien ait subi une navrante acalmie pour des raisons multiples que nous attribuerons tout d'abord à l'invasion de la carte-postale illustrée et à des raisons économiques et sociales diverses, nous avons voulu continuer notre série en demandant à nos amis d'être nos collaborateurs.

De toutes parts nous avons reçu des pièces intéressantes que nous présentons à nos fidèles lecteurs. Osons-nous espérer que les historiens futurs nous sauront gré d'avoir réuni ici des pièces officielles inconnues de tous. Notre espoir n'est pas entaché d'un tel orgueil, mais nous avons la prétention d'avoir publié un ouvrage que les Souverains bulgares pourront lire quelques jours après être rentrés dans leurs Etats.

La population parisienne leur a réservé un accueil enthousiaste. Sur tout le parcours que suivait le cortège officiel des milliers de personnes attendaient pendant des heures le passage de nos illustres hôtes. La température, qui ne fut pas toujours clémente, n'empêchait pas la foule d'être compacte et la vue des Souverains bulgares les dédommageait de leur longue attente sous la pluie. La Tzarine a su conquérir tous les cœurs français par son désir de visiter nos établissements hospitaliers, son mouvement généreux et personnel d'offrir un jour de joie aux malheureux déshérités est le mouvement le plus noble qu'une Souveraine puisse associer aux fêtes officielles qu'un pays comme la France sait offrir. Le Tzar, français de naissance a su se rendre populaire par sa présence à la Chambre, aux Courses, à Châlons, il voulu tout savoir de notre organisation intérieure et sa curiosité nous fut très sensible. Partout où sa présence était signalée il était salué par de chaudes ovations.

Nous nous efforcerons dans les pages qui suivront de mentionner heure par heure le programme du séjour des Souverains.

Remercions ici, les personnes qui nous ont aidé dans notre tâche. Leur collaboration précieuse nous a permis de présenter aux Souverains bulgares une page inédite et un souvenir de leur séjour en France. Grâce à nos amis, nous avons pu recueillir des pièces officielles inconnues du public et qui ne sont pas des moins intéressantes, à notre avis.

Remercions donc profondément M. de Fouquières, le distingué Sous-chef du Protocole, M. le Comte Raoul de la Tour de Saint-Igest, le directeur des plus jolies revues diplomatiques, M. Gaston Brisse, M. Tissier de la M^{on} Maquet, M. J. Rigaud.

H. D.

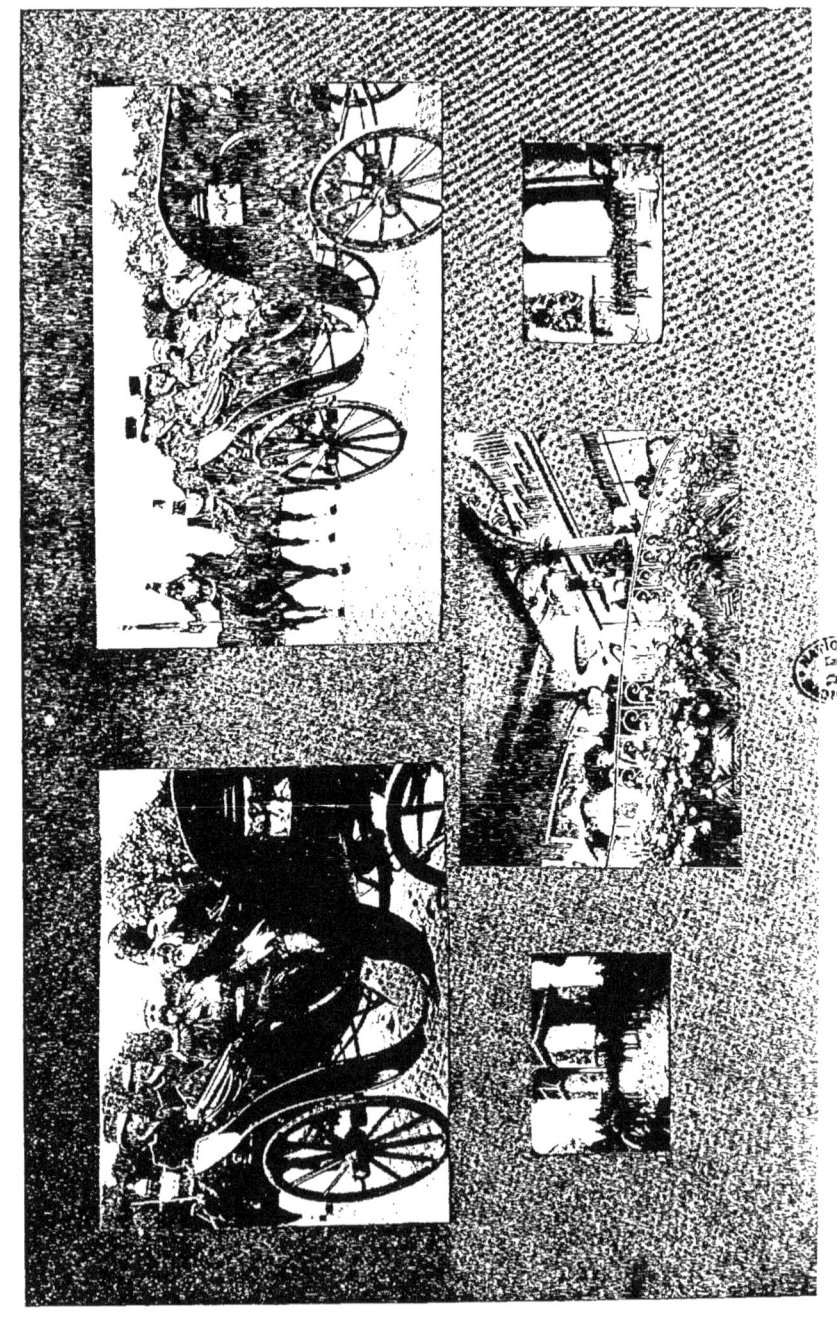

PREMIÈRE JOURNÉE
—— 23 juin ——

Pour recevoir les Souverains Bulgares, Paris a sorti ses drapeaux. Parmi les monuments les mieux décorés mentionnons le Palais de l'Elysée, le Cercle Volney, les Magasins du Louvre, du Printemps, des Galeries Lafayette, le Ministère de la Marine. le Cercle de l'Automobile-Club, la Bourse du Commerce, le Ministère des Affaires Étrangères. La gare du Bois de Boulogne est pavoisée de drapeaux et ornée de plantes vertes du plus charmant effet.

Dès 2 heures de l'après-midi les troupes viennent se placer aux abords de la Place de la Concorde et forment la haie depuis la Gare du Bois de Boulogne jusqu'à la Place de la Concorde.

Le train royal entre en gare à 2 h. 55, quelques minutes avant se trouvaient réunis, pour les recevoir, le président de la République et tous les ministres, les présidents de la Chambre et du Sénat, MM. Mollard, Lépine, de Selves, les présidents du Conseil Général et du Conseil Municipal.

Aussitôt la musique de la garde attaque l'hymne bulgare, que scandent les salves des canons du Mont-Valérien. Le soleil est à ce moment éblouissant et fait briller joyeusement les uniformes rassemblés devant le wagon d'où le roi descend, très leste et en souriant. Il s'avance, la main tendue, vers M. Fallières, qui lui souhaite la bienvenue. Ferdinand Ier porte l'uniforme de général, avec la petite toque de fourrure blanche, et il a le grand cordon de la Légion d'honneur en sautoir.

La reine, grande et élégante, porte une ravissante robe de soie blanche ; elle s'entretient un instant avec le président de la République et les souverains se font ensuite présenter à Mme Fallières. Puis les autres personnages officiels sont présentés au roi par M. Fallières, Ferdinand Ier les connaît d'ailleurs presque tous, et il s'entretient aimablement avec chacun d'eux.

Les canons du Mont-Valérien tonnent toujours et la musique de la garde joue maintenant la *Marseillaise*.. Le président de la République offre son bras à la reine Eléonore : le roi offre le sien à Mme Fallières, et le cortège se forme pour sortir de la gare.

S. M. Ferdinand Ier prend place dans la Daumont présidentielle avec M. Fallières : dans une seconde voiture montent la reine, Mme Fallières, Mlle Hakanof et le général Goiran ; les autres personnages s'installent dans d'autres landaus. Des cuirassiers encadrent le cortège qui se rend d'abord au Ministère des affaires étrangères. Sur tout le parcours les troupes au passage des souverains rendent les honneurs, les drapeaux s'inclinent les musiques jouent l'hymne bulgare et partout, les Parisiens acclament chaleureusement leurs hôtes.

A trois heures et demie le roi et la reine arrivent au quai d'Orsay, juste à l'instant où la pluie commençait à tomber.

Quelques minutes plus tard, le roi et la reine, en landau fermé cette fois, à cause du temps, se faisaient conduire à l'Elysée. L'entretien entre les souverains et M. et Mme Fallières dura près d'une demi-heure.

En quittant l'Elysée, le roi revient au Ministère des affaires étrangères. Puis, remontant aussitôt en automobile et accompagné du général Goiran, de M. Stancioff, ministre de Bulgarie à Paris, et du lieutenant-colonel Griache il se rend au palais du Luxembourg, au Palais-Bourbon et au Ministère de l'intérieur, où il a fait personnellement une visite à MM. Antonin Dubost, Brisson et Briand, avec lesquels il a eu des entretiens.

Le roi est allé en outre déposer lui-même sa carte au domicile de M. et de Mme Loubet.

A huit heures a eu lieu, à l'Elysée, le dîner offert en l'honneur du roi et de la reine de Bulgarie.

Dressée dans la grande salle des fêtes, la table, en forme de fer à cheval, était décorée de roses et d'œillets.

Le roi et le président de la République, se sont assis côte à côte à la partie supérieure de la table. La reine qui était à la droite du président de la République, avait à sa droite M. Antonin Dubost, président du Sénat ; Mme Emile Loubet et Briand, président du conseil.

Mme Fallières, qui était à la gauche du roi, avait à sa gauche M. Henri Brisson, président de la Chambre des députés, Mme Antonin Dubost et M. Emile Loubet.

Le roi était en uniforme de général bulgare, avec le grand cordon de la Légion d'honneur.

La reine portait une toilette en dentelles blanches. avec sur les épaules une étole en hermine blanche, un magnifique diadème en brillants était posé sur ses cheveux.

Plus de 150 convives assistaient au dîner.

Le président de la République a porté, à la fin du dîner, le toast suivant que tous les convives ont écouté debout :

Sire,

J'éprouve un plaisir particulier à saluer, ce soir, Votre Majesté, au nom de France et du gouvernement de la République; car, depuis la dernière visite que Votre Majesté a bien voulu faire à notre pays, la Bulgarie a vu s'accomplir un évènement mémorable.

En cette circonstance, Votre Majesté a prouvé, une fois de plus, tout ce qu'on peut attendre de Sa haute sagesse, de Son esprit politique, de Son attachement à la paix. Elle a ainsi couronné l'œuvre à laquelle Elle a consacré Sa vie, la plus belle œuvre qui puisse tenter l'ambition d'un homme, puisqu'elle se résume dans l'affirmation d'une con science nationale.

Les sentiments connus de Votre Majesté pour la France et les liens qui l'attachent au passé historique de notre pays vous ont toujours ménagé parmi nous un cordial accueil. Votre Majesté en a recueilli aujourd'hui même un nouveau témoignage. Elle a pu voir tout ce que la France professe d'estime et de sympathie pour la jeune nation qui vous a confié sa destinée et qui, je n'en doute pas, sous votre égide précieuse, continuera de s'élever dans la voie de la justice, du progrès social et du développement pacifique.

J'exprime à S. M. la reine Eléonore, à la digne collaboratrice de votre mission souveraine, le souvenir reconnaissant que nous garderons de sa visite. Je lève mon verre en l'honneur de Vos Majestés. Je bois à leur bonheur, à celui de la famille royale et à la prospérité de la Bulgarie.

Après ce toast, la musique de la garde républicaine a joué l'hymne bulgare.

Le roi des Bulgares a répondu.

Monsieur le président,

Les aimables paroles que vous nous avez adressées, nous ont profondément touchés, la reine et moi, et nous vous en remercions de tout cœur.

Nous n'oublierons pas l'accueil empressé que nous avons reçu dans ce beau pays de France auquel me rattachent tant de souvenirs.

Après Saint-Pétersbourg et Constantinople, c'est à la France que j'ai réservé ma première visite, à la France qui a toujours été le champion désintéressé des plus nobles causes.

Moi et mon peuple, nous nous rappelons, en effet, qu'elle a prêté à la jeune Bulgarie, dans des circonstances difficiles, son large appui moral et qu'elle a très heureusement servi, en Orient, les idées de pacification et d'équilibre qui font sa force dans le monde.

L'empressement avec lequel elle a reconnu l'indépendance bulgare a contribué puissamment à nous attirer les sympathies de l'Europe.

La France et la Bulgarie sont du reste unies par les mêmes aspirations vers un même idéal.

Ainsi que la France, la nation bulgare est pénétrée d'un amour profond de la liberté pour la conquête de laquelle elle a longtemps souffert et combattu.

Elle est une admiratrice passionnée des gloires de la France, de ses luttes séculaires pour le progrès des idées humanitaires, pour le triomphe de la liberté et du droit. Par sa littérature, par ses arts, par les grandes découvertes de ses savants, la France exerce une haute influence dans le monde, et elle a généreusement ouvert au peulpe bulgare, jeune de culture, le trésor de son expérience et de sa civilisation.

Ce sont ces idées de liberté, de justice et de progrès social que j'ai toujours voulu entretenir chez mon peuple, convaincu que la prospérité d'un pays dépend avant tout de sa culture intellectuelle et politique.

La France saura apprécier les efforts entrepris par la Bulgarie nouvelle pour le développement de son outillage économique et la mise en valeur de ses richesses naturelles, pour la conservation dans la péninsule de l'équilibre politique, pour le maintien de l'esprit de concorde entre les peuples balkaniques.

En consolidant les relations économiques entre les deux pays, les liens d'amitié qui les unissent s'affermiront davantage encore.

Je suis ici l'interprète de la nation bulgare, de ses sentiments à l'égard de la République française, et je lève mon verre à la santé du président de la République, je bois à la grandeur et à la prospérité de la France.

Après ce toast, écouté debout, la musique a joué la *Marseillaise*.

A l'issue du dîner, les souverains et le président de la République se sont rendus dans le salon doré où le café a été servi.

Puis les deux chefs d'Etat se sont retirés dans le salon des officiers, transformé en fumoir. Là le roi s'est entretenu avec plusieurs personnages français, particulièrement avec MM. Loubet, Briand, Pichon, Rouvier, Clemenceau, Delcassé, Méline, Deschanel, etc., etc.

A dix heures et demie, le roi, la reine, le président et tous les invités sont retournés dans la salle des fêtes, transformée en salle de spectacle.

Successivement, M. Delmas, Mme Louise Grandjean, MM. Beyle, Dufranne ont chanté différents morceaux. Mme Barthet a dit *Sur trois marches de marbre rose*, de Musset, et des fables de La Fontaine. La soirée s'est terminée par le *Baiser*, de Théodore de Banville, interprété par Mlle Provost et M. Georges Berr.

Les souverains ont paru s'intéresser beaucoup au spectacle, ils rentraient bientôt après au Ministère des Affaires Etrangères transformé en Palais-Royal.

DEUXIÈME JOURNÉE
—— 24 juin ——

A huit heures du matin, le Tzar accompagné de son secrétaire M. Paul de Chèvremont, est allé faire une promenade à pied sur les boulevards et dans la rue de la Paix, il fut croisé par de nombreuses midinettes qui allaient prendre leur travail, bien peu le reconnurent, sans quoi les ovations n'auraient pas manqué à notre illustre hôte.

A dix heures et demie, revenu au palais, il montait en automobile et se faisait conduire à la roseraie de Bagatelle. Le général Goiran, le lieutenant-colonel Griache et le comte de Bourboulon, grand chambellan, l'accompagnaient. Dans une seconde voiture la reine prenait place avec Mme Stanciof et ses deux demoiselles d'honneur.

M. Forestier, conservateur du bois de Boulogne, a reçu les souverains et leur a fait visiter les parterres de roses rares. M. Lépine et M. Armand Bernard s'étaient joints au cortège. Le roi et la reine ont longuement admiré les fleurs merveilleuses. La reine cueillit quelques roses de France, qu'elle conservera pieusement, a-t-elle déclaré, comme un souvenir de sa visite au bois de Boulogne.

Puis les souverains se rendirent au palais de Bagatelle, où se trouve l'exposition des « enfants, leurs portraits, leurs jouets », organisée par la Société nationale des beaux-arts. Les souverains se sont arrêtés notamment devant les portraits du Dauphin, de Louis XVII et de Madame Royale, par Boilly ; du comte de Provence et du comte d'Artois enfants, par Drouais ; du duc de Bordeaux, par Louis Hersent ; ils ont longuement contemplé le portrait en miniature de Louis XVII dans la prison du Temple.

La reine, accompagnée de Mme Stancioff, a quitté Bagatelle quelques instants avant le roi ; elle s'est fait conduire avenue de l'Opéra et rue de la Paix, où elle a fait diverses emplettes ; elle est rentrée ensuite au palais royal.

Le roi et la reine ont offert, au palais des affaires étrangères, un déjeuner auquel assistaient M. et Mme Loubet, M. Briand, président du conseil ; M. et Mme Pichon, M. Paléologue, ministre de France à Sofia ; MM. Bapst, Gavary, Dutasta, directeurs au ministère des affaires étrangères, le ministre de Bulgarie à Paris et Mme Stanciof, les ministres bulgares, les personnes françaises attachées à la suite du roi et de la reine.

Après le déjeuner, les souverains ont reçu les notabilités de la colonie bulgare, qui leur été ont présentées par leur ministre à Paris.

A quatre heures trente, le Président de la République et Mme Fallières se sont rendus aux affaires étrangères pour prendre le roi et la reine et les accompagner à l'Hôtel de Ville.

Pour la venue des souverains bulgares, l'Hôtel de Ville avait reçu sa décoration des grands jours. Aux fenêtres, des drapeaux aux couleurs de France et de Bulgarie. A l'intérieur, partout, des tentures, des plantes vertes, des fleurs, ces dernières provenant des serres de la Ville. Enfin, les hauts fonctionnaires, le préfet à leur tête, en grand uniforme, et les conseillers, en habit, avec leurs insignes et groupés autour de M. Bellan, leur président. Le Conseil général était également représenté par M. Henri Galli et les membres du bureau élus avec lui mercredi dernier.

Lorsque, un peu après quatre heures et demie, le cortège officiel s'est arrêté devant l'Hôtel de Ville, M. Bellan, président du Conseil municipal, s'est avancé au-devant des souverains et de M. le Président de la République. Ceux-ci se sont rendus directement dans la cour d'honneur, transformée en jardin, et d'un très bel effet avec les lumières de l'électricité se jouant dans les feuillages. Le Président donnait le bras à la reine et Mme Fallières était au bras du roi. M. Bellan s'est placé devant eux, face à la statue de Mercié, et a souhaité la bienvenue :

— Nous savons — vous l'avez dit vous-même lors de votre précédent séjour — combien il vous est agréable d'être l'hôte de cette ville de Paris « que depuis trente-cinq ans vous avez appris à aimer, à connaître, que vous avez traversée à maintes époques de votre vie, y trouvant toujours, ajoutiez-vous en d'aimables paroles, consolation, charme et instruction ».

Les élus de Paris se réjouissent de votre retour en notre pays, qui vous ramène au foyer de famille.

Il nous plaît, en ce jour, d'évoquer votre naissance et l'image sereine de celle qui fut une mère si tendre, à laquelle vous unissait une émouvante affection — de rappeler ces liens du sang qui expliquent votre ineffaçable attachement à tout ce qui est la France.

Vous avez pu juger vous-même, à certaines heures décisives, de nos sentiments. Vous en apprécierez l'intensité si j'affirme qu'ils répondent aux vôtres et que le roi a retrouvé — fortifiées encore — les sympathies qui toujours, sur notre sol, ont accueilli le prince.

Le roi a paru très sensible à ces paroles de M. Bellan. Il a goûté ensuite la harangue de M. le Préfet de la Seine, surtout lorsque M. de Selves, s'adressant plus particulièrement à la reine, a dit :

— Vous êtes, madame, dans le pays où le courage, la bonté, la générosité de la femme ont toujours été admirés.

Notre moyen âge a reçu d'elle ses meilleures inspirations ; nous continuerons à déposer à ses pieds nos hommages les plus respectueux.

Nulle plus que Votre Majesté n'est digne de les recevoir.

Le roi a répondu. Son petit discours, prononcé sans le moindre accent étranger, est à citer entièrement :

— Les aimables paroles de bienvenue que vous venez de nous adresser touchent profondément la reine et moi, et nous vous en exprimons nos remerciements reconnaissants et sincères.

— 13 —

La joie que j'éprouve à franchir aujourd'hui le seuil de l'Hôtel de Ville se fortifie d'une impression plus puissante encore : celle de sentir ici plus qu'ailleurs battre le cœur de Paris et de son peuple.

De ce coin de terre où tant de générations ont passé, en y laissant chacune sa réserve d'intelligence, de dévouement et d'énergie, l'on comprend mieux le secret du rayonnement de la Ville sur tout ce qui, dans le monde, est épris de pensée, d'art, de progrès et de lumière. Aussi est-ce avec émotion que, dans cette maison, voisine et sœur de tant de monuments qui, comme elle, racontent superbement ou tragiquement son histoire, je salue les représentants de la grande ville que, dès ma jeunesse, d'inoubliables leçons m'ont appris à connaître et à aimer et dont, avec l'orgueil d'être un peu son enfant, je n'ai jamais cessé d'admirer toutes les gloires.

L'accueil que la reine et moi avons rencontré chez la population parisienne, la cordialité avec laquelle elle nous a fait les honneurs de sa capitale, à chaque fois retrouvée plus gracieuse et plus magnifique, nous ont été plus particulièrement sensibles. Le souvenir que nous en garderons sera de ceux qui ne s'effacent pas. C'est donc de tout cœur qu'en remerciant la population parisienne je fais les vœux les plus chaleureux pour la prospérité toujours grandissante de la Ville de Paris.

Les discours terminés, le cortège se reforma et l'on se rendit à la salle des Fêtes en empruntant l'escalier d'honneur, sur chaque marche duquel se tenaient, immobiles, les gardes républicains, vraiment prestigieux dans leur grande tenue de parade. Les trompettes, placées en haut de l'escalier, entonnent une fanfare.

Dans la salle des Fêtes, c'est le concert donné par la musique de la garde et qu'écoutent les souverains. Ceux-ci gagnent ensuite le salon des Arcades, où la reine admire le très bel éventail qui lui est offert par la Ville de Paris. Le cadeau offert, d'autre part, au roi par la municipalité est une superbe coupe en argent et vermeil. Elle porte comme ornements les fleurs de lys de France, unies à la rose « Prince de Bulgarie » dont le modèle a été soigneusement pris à la roseraie de Bagatelle. Trois dauphins complètent l'ornementation. C'est une des plus délicates œuvres de Boin-Taburet, l'orfèvre au talent duquel on a toujours recours quand il s'agit d'un cadeau royal.

Court arrêt au buffet. Dans le cabinet présidentiel, les souverains signent sur le Livre d'Or de la Ville le procès-verbal de leur visite, puis ils regagnent leurs voitures et s'éloignent, accompagnés à leur départ du même cérémonial qu'à leur arrivée.

Le soir a eu lieu le dîner offert par le ministre des affaires étrangères et Mme Pichon à LL. MM. le roi et la reine de Bulgarie.

La table, dressée dans la grande salle à manger du ministère, était ornée d'orchidées, de roses, d'hortensias, de couronnes de roses blanches et rouges, avec, au centre, un écusson aux armes de Bulgarie.

Le président de la République et Mme Faillières assistaient au dîner, auquel étaient conviés les présidents des Chambres, M. et Mme Loubet, les personnages de la suite des souverains et de nombreuses personnalités bulgares et françaises.

La table comprenait cent sept convives.

Ce dîner a été suivi d'une réception à laquelle avaient été conviés les menbres du corps diplomatique, les menbres du Sénat et de la Chambres des députés, etc.

TROISIÈME JOURNÉE
—— 25 juin ——

Appelons ce 24 Juin la « Journée de la Reine » et de grand cœur que Sa Majesté sache bien que tout Paris lui a su un gré infini de sa visite aux hôpitaux. Si ce jour là S. M. le Roi a appris à Châlons beaucoup de choses nouvelles dans l'art de la guerre, tous les Français savent qu'il existe une Reine, revenue de soigner les blessés en Mandchourie, qui s'intéresse toujours en temps de paix aux déshérités de la vie.

Le roi de Bulgarie a passé la journée au camp de Châlons.

S'il fut souriant en écoutant les acclamations du peuple de Paris à son arrivée, et attentif à tout ce qu'il vit pendant les premiers jours de sa visite en France, jamais encore le roi ne parut si intéressé et émotionné qu'au spectacle qu'il observa en connaisseur cet après-midi.

Ces sentiments, le roi, qui a l'âme d'un soldat, les a éprouvés en voyant manœuvrer notre armée. Et, ma foi, si l'on me permet de donner mon avis, je dirai bien fort que nos soldats ont su donner à la réception d'aujourd'hui un éclat tout particulier.

Le roi, qui, accompagné de M. Fallières, avait quitté Paris, dans le train présidentiel, à onze heures quinze, ce matin, est arrivé au camp de Châlons, en gare de Bouy, à une heure trente-cinq.

Sur le quai, le roi, le président et les ministres, le général Brun et MM. Briand et Pichon, sont salués, à la descente du train, par le général Bolgey, commandant la 10ᵉ division ; le général Maitrot, chef d'état-major du 6ᵉ corps d'armée, et le général Mouret, commandant d'armes au camp.

Dans un landau, traîné par six chevaux que conduisent des artilleurs, le roi, le président et les généraux Brun et Goiran prennent place.

Près de la petite gare, le spectacle est magnifique. Sur la route qui serpente dans une campagne colorée, éclairée vivement par le soleil, qui perce des nuages menaçants, des soldats, cavaliers et fantassins, font la haie.

Derrière la voiture du roi, un cortège se forme, qui se rend d'abord à l'école de tir.

Là, le lieutenant-colonel Bonnefoy présente au roi les officiers attachés à l'école, puis le conduit sous une tente où sont disposés, sur une table, les armes de tous types en usage ou en essai au camp.

Un jeune officier, le capitaine Gaulier, explique au roi, avec une précision remarquable, le mécanisme de chaque arme.

Le roi écoute attentivement, questionne, se rend compte, prend les armes en main et, lorsqu'il apprend qu'un fusil automatique, tirant vingt coups à la minute, ne pèse que quatre kilos, il se tourne vers les officiers de sa suite et dit :

— C'est merveilleux.

Les explications terminées, le roi assiste alors à des tirs effectués avec les armes qu'on vient de lui montrer, Il ne cache pas sa surprise en voyant la rapidité des tirs et, après chaque essai, il interroge les officiers.

Après une visite des différentes parties de l'école, on remonte en voiture et, à travers le camp, on se rend à l'Observatoire neuf, où des batteries d'artillerie sont installées pour effectuer des tirs réels.

Dès que le roi est descendu de voiture, les batteries commencent le feu. Sur un village supposé, à 3.200 mètres, les pièces lancent des obus qu'on voit nettement éclater. On se rend compte que, là-bas, la position serait intenable pour l'ennemi. Le roi, qui ne cesse de regarder avec sa jumelle, paraît satisfait, et, lorsque le feu est terminé et que, rapides, les artilleurs exécutent quelques

manœuvres, il se retourne vers les officiers bulgares qui font un stage en France, et leur dit :
— Je suis heureux de voir des uniformes bulgares dans ce pays idéal.

On annonce alors au roi qu'on va procéder devant lui à la mise en place d'un canon de 155 court, dit Rimailho, composé de deux parties qui se rajustent rapidement.

Nos officiers donnent des ordres, les hommes s'actionnent sous les yeux du roi qui n'hésite pas à se baisser plusieurs fois pour mieux voir la manœuvre, et à interroger, s'il le juge bon, les simples soldats. Lorsque la pièce est en place, le roi dit simplement :
— C'est bien ! Ça a duré quatre minutes. Alors la pièce lance ses énormes obus, qu'on peut suivre longtemps dans l'air avant de les voir éclater à 3,000 mètres de là.

Malheureusement, le temps se gâte. Le vent, qui, depuis le matin, faisait craindre qu'on ne pût réaliser le programme d'aviation projeté pour la fin de la journée, le vent redouble de violence. Le ciel s'assombrit rapidement, et bientôt les nuages ne laissent plus passer les rayons du soleil.

Le cortège royal s'étant reformé, on part maintenant au Haricot-de-Vadeney, pour assister à la manœuvre à laquelle prennent part la 10ᵉ division d'infanterie, un groupe d'artillerie et une division de cavalerie.

Je n'ai ni le temps ni la place de vous exposer le thème de la manœuvre. Je vous dirai simplement qu'elle fut en tout point réussie. Les soldats firent preuve d'un entrain merveilleux, et le roi complimente chaleureusement le Général Goiran pour la belle charge de cavalerie qui termina la manœuvre.

Malheureusement, le roi est à peine monté en voiture qu'un orage épouvantable éclate sur le camp. La pluie tombe à torrents, le vent souffle en tempête. On désespère de voir voler les aéroplanes.

Sous l'averse on gagne une tente élevée près des hangars du champ d'aviation, où un lunch est servi. La pluie tombe toujours. Le roi sembla prendre tant de plaisir à la charge de cavalerie, tout à l'heure, que pour lui faire prendre patience les généraux décident de faire défiler les escadrons devant la tente où il se tient.

Tandis que les ordres sont donnés pour cette manœuvre, le temps change tout à coup. Le vent tombe. On assure que les aéroplanes voleront et déjà, en effet, on entend là-bas ronfler les moteurs dans les hangars.

Cependant l'attention est occupée par un autre spectacle. A l'horizon, on aperçoit les masses mouvantes des escadrons. Le roi vient devant la tente et bientôt, au grand galop, les cavaliers passent en trombe, mais dans un ordre parfait. Le défilé est impressionnant. Les officiers, cambrés sur leurs chevaux, saluent de l'épée le roi, qui porte sans cesse la main à sa visière.

Mais à peine les derniers cavaliers sont-ils passés qu'on voit arriver, léger dans l'air, derrière la masse des escadrons piétinant le sol, un biplan. Le roi, qui n'a jamais vu d'aéroplane (lui-même en fit l'aveu), n'y prend pas garde tout d'abord. Averti, il regarde. Son visage s'éclaire. Il prend sa jumelle, la laisse retomber et dit :

— C'est inouï !

« C'est inouï », c'est encore ce que le roi dit quand il voit voler en même temps deux aéroplanes : un biplan à 50 mètres, un monoplan à 200 mètres, ce dernier passant plusieurs fois juste au-dessus du roi, qui lève la tête tant qu'il peut et applaudit en criant : « Bravo ! »

Le lieutenant Féquant, l'un des deux officiers qui volèrent d'une traite de Châlons à Paris, atterrit le premier avec son biplan, à quelques mètres du roi.

Le souverain, laissant derrière lui sa suite, tant il se presse, s'avance vers le jeune officier et lui dit en lui serrant la main :

— Pour la première fois que je serre la main d'un aviateur, je suis heureux que ce soit celle d'un officier français.

Puis le roi se fait expliquer le fonctionnement de l'appareil. Pendant ce temps, d'autres aéroplanes tournent au-dessus du camp, venant sucessivement atterrir auprès du roi. Bientôt cinq appareils sont assemblés. Le roi se fait présenter tous les aviateurs et décrire tous les systèmes d'aéroplanes, biplans et monoplans réunis là.

Au lieutenant Kammermann, le roi demande d'effectuer un départ. Le moteur est mis en marche, et, après avoir roulé moins de 50 mètres, l'appareil s'envole élégamment. C'est parfait. Pourtant le vent courbe la cime des arbres au loin et couche l'herbe qui est à nos pieds.

Le roi, en retournant vers la tente, s'arrête près du monoplan de M. Labouchère et s'en fait expliquer le fonctionnement.

— C'est inouï, répète le roi. Quelle simplicité!... Mais aussi quelle habileté! dit-il au pilote.

Revenu sous la tente, le roi prononce un bref discours pour dire l'admiration que lui causèrent les manœuvres auxquelles il assista toute la journée et complimenter les troupes. Il insiste sur la valeur de nos aviateurs.

Le général Brun, ministre de la guerre, lui répond.

Alors le roi, appelant le général Bolger, lui demande de faire venir les autres généraux qui ont pris part aux manœuvres. En termes émus, tenant longuement la main du général Bolger dans les siennes, le roi dit l'impression inoubliable que causa « à son cœur de Français » la vue de nos soldats.

Il est près de sept heures. Il faut partir, car on est fort en retard sur l'horaire prévu. Rapidement, le cortège se reforme et gagne la gare de Bouy, où attend le train présidentiel.

Pourtant une dernière surprise est réservée au roi par

nos aviateurs. Comme il monte dans le train, deux monoplans viennent tourner en tous sens au-dessus du wagon royal, comme des mouettes au-dessus d'un bateau quittant le port.

S. M. la reine Eleonora a visité, ce matin, le musée du Louvre, où elle a été reçue par M. Dujardin-Beaumetz, sous-secrétaire d'Etat.

Elle a ensuite visité les trésors de Notre-Dame, puis elle s'est rendue au musée du Luxembourg, au Palais de Justice, à la Sainte-Chapelle ; elle s'est arrêtée devant le portail de l'église Saint-Sulpice.

Elle a consacré son après-midi à la visite d'hôpitaux et d'établissements d'assistance, en compagnie de Mme Fallières.

C'est à deux heures quarante-cinq que la reine et Mme Fallières ont quitté le ministère des affaires étrangères pour se rendre à l'hôpital école de l'Union des Femmes de France.

Elles étaient accompagnées du contre-amiral Montferrand, de M. Douchement, attaché au protocole, du comte de Guise, de M. Tantief, ministre de Bulgarie et des dames d'honneur.

A trois heures a eu lieu la réception rue de la Jonquière où s'étaient rendus MM. de Selves, Lépine et l'amiral Fournier.

A leur descente de voiture, la souveraine et Mme Fallières ont été reçues par Mme de la Bédolière, par les membres du conseil d'administration ; Mmes la générale lGalliéni, Le Joindre, Feuillet et par les médecins de l'hôpital.

La reine visita les diverses salles, admirant leur aménagement ; des gerbes d'orchidées et une médaille en or lui furent offertes, ainsi qu'à Mme Fallières, comme souvenir de leur visite.

La reine et Mme Fallières se rendent ensuite à l'hôpital de l'Association des Dames Françaises, rue Michel-Ange ; elles sont reçues par le Dr Duchaussez, secrétaire général de l'association en l'absence de la présidente et de la vice-présidente, empêchées par leur état de santé; par le colonel Meaux Saint-Marc, secrétaire général intérimaire, les membres du conseil supérieur de l'association, parmi lesquels : Mme Loubet, MM. l'amiral Besnard, Brouardel, François Carnot, les médecins de l'hôpital, etc.

Le vestibule était fort bien décoré de drapeaux français et bulgares. La reine et Mme Fallières ayant pris place le docteur Duchaussez prononce une allocution; puis a lieu la visite de l'hôpital. De superbes gerbes de roses, avec les rubans de l'association des Dames françaises furent offertes à la reine et à Mme Fallières. Un album contenant les photographies des services de l'hôpital leur fut également offert. A plusieurs reprises, la souveraine et Mme Fallières témoignèrent uu réel intérêt à cette visite.

La reine et Mme Fallières visitent également cet après-midi l'hôpital de la Société de secours aux blessés militaires et l'école des infirmières à la Salpêtrière.

QUATRIÈME JOURNÉE
26 juin

Le roi s'était rendu dans la matinée à Saint-Roch pour y entendre la messe, tandis que plusieurs personnes de la suite allaient assister au service de l'église orthodoxe.

Puis il était revenu au palais des Affaires Etrangères pour y prendre la reine et la conduire, avenue Kléber, chez le ministre de Bulgarie et Mme Stancioff, qui offraient en leur honneur un déjeuner intime.

A deux heures et demie, les souverains étant rentrés au Palais, le Président de la République et Mme Fallières, accompagnés de M. Ramondou et du commandant Hellot, arrivaient en daumont et, pendant qu'ils montaient saluer Leurs Majestés, les voitures de gala se rangeaient dans la cour d'honneur, prêtes pour aller à Longchamp.

Mais alors une terrible averse survint. Il fallut renoncer aux calèches et substituer aux voitures découvertes des landaus. Le retard ne fut d'ailleurs que de quelques minutes, et bientôt le cortège, encadré par un régiment de cuirassiers, gagnait les Champs-Élysées et l'avenue du Bois.

Le roi des Bulgares et le président la République occupaient la première voiture avec le général Goiran et M. Ramondou; la reine et Mme Fallières, la seconde, avec Mme Stancioff et le contre-amiral de Montferrand.

Dans les autres landaus avaient pris place : MM. Dimitri Stancioff, le comte de Bourboulon, le général Markoff et un officier de la Présidence ; Mlles Vera Hakanoff et Vera Markoff, M. Dobovritch et le colonel de Lagarenne : MM. Malinoff, le général Paprikoff, les lieutenants-colonels Stojanoff et Griache ; MM. Mouschanoff, le général Fitcheff, Drandar et un officier de la Présidence; MM. le comte de Clinchamp, de Chèvremont et le capitaine Tabonis; enfin, MM. Nicolas Stancioff, Miltscheff et Pozzi.

Une foule considérable et des plus élégantes avait envahi l'enceinte du pesage et les abords de la tribune officielle, et de vives acclamations saluèrent l'arrivée du cortège.

Le prince Auguste d'Arenberg, président de la Société d'Encouragement, le marquis de Ganay et les membres du Comité accueillirent les souverains, M. et Mme Fallières, et de magnifiques gerbes de fleurs furent offertes à la reine et à Mme Fallières, ainsi qu'à Mme Stancioff.

M. Mollard et M. de Fouquières conduisirent alors Leurs Majestés, le président et Mme Fallières au salon de la tribune officielle, où les attendaient les membres du corps diplomatique, les présidents du Sénat et de la Chambre, les membres du gouvernement, le préfet de la Seine, le président du Conseil municipal, etc.

La course précédant celle du Grand Prix se terminait. Après les présentations, on passa sur la terrasse, et lorsque les souverains parurent, de nouvelles acclamations montèrent de la pelouse.

S. M. Ferdinand Ier en redingote et pardessus noir, chapeau haut de forme, guêtres blanches, des œillets saumon à la boutonnière, gants de Suède jaunes, jonc à béquille montée en or, cravate rayée noir et gris et épinglée d'une superbe topaze entre quatre brillants. prit place au centre avec la reine, ayant à sa gauche Mme Fallières et Mme Pichon, tandis que la reine avait à sa droite M. Fallières, la marquise del Muni et la baronne Kurino.

La reine Eléonore portait une robe de mousseline de soie noire sur transparent blanc, garnie de chantilly, étole d'hermine, grand chapeau noir à longues amazones blanches; Mme Fallières, une toilette de damassé noir et bleu, chapeau noir à plumes blanches.

Le roi a suivi attentivement la course avec une jumelle et il a donné le signal des applaudissements lorsque « Nuage » a passé le poteau.

Après le Grand Prix, un lunch a été servi dans le salon de la tribune officielle, puis les souverains, M. et Mme Fallières ont été reconduits aux voitures.

Le prince d'Arenberg les a de nouveau salués au départ, qui s'est effectué au milieu des vivats de la foule.

*
* *

Le roi et la reine des Bulgares se sont rendus, à huit heures, au palais de l'Elysée, où le Président de la République et Mme Fallières ont offert un dîner intime en leur honneur, dîner auquel n'ont assisté que les personnages de la suite de Leurs Majestés et les membres de la mission française; M. Briand, président du Conseil, le ministre des Affaires étrangères et Mme Pichon, M. et Mme Jean Lanes, MM. Ramondou, Marc Varenne, Mollard, ainsi que les officiers de la maison du Président.

A l'issue de ce dîner, les souverains ont été accompagnés par M. et Mme Fallières à la représentation de gala de l'Opéra, où les attendaient les membres du corps diplomatique, les membres du Parlement et les invités dont la liste avait été dressée par l'administration des Beaux-Arts.

Reçus au bas du grand escalier d'honneur par MM. Doumergue, ministre de l'Instruction publique; Dujardin-Beaumetz, sous-secrétaire d'état des Beaux-Arts; Messager et Broussan, directeurs, et Marius Gabion, administrateur général de l'Académie nationale de musique. Les deux chefs d'Etat, la reine et Mme Fallières, dont le cortège était précédé par M. Mollard, directeur, et les attachés du protocole, ont été conduits, par deux huissiers portant en main des flambeaux allumés, jusqu'à leur loge.

La salle était délicieusement parée de guirlandes de verdure et de roses. Cette très belle décoration florale, œuvre de Chénier, encadrait toutes les loges et surtout celle qui avait été aménagée au centre pour les souverains.

Cette dernière, avec arrière-loge et buffet tout en tentures de brocart d'or rehaussées d'une bordure grenat de style Restauration, était meublée de fauteuils en tapisserie de Beauvais. Dans le fond étaient disposés trois grands panneaux des Gobelins de la série des « Maisons royales » et représentant les châteaux de Blois, de Saint-Germain et de Saint-Cloud.

Au moment où Leurs Majestés ont paru, l'orchestre de l'Opéra a joué l'*hymne bulgare*, puis *la Marseillaise*.

La reine portait une ravissante toilette de satin blanc garnie de dentelles, en écharpe le grand cordon de Saint-Alexandre de Bulgarie, et au corsage la plaque en diamant de cet ordre. Sur sa coiffure, un étincelant diadème de brillants retenait un léger voile retombant sur les épaules que parait un large collier de rubis, de diamants et d'émeraudes.

Le Roi, en uniforme de général, — dolman rouge soutaché d'or, pantalon bleu, bonnet d'astrakan blanc, — avait en écharpe le grand cordon de la Légion d'honneur.

La représentation a commencé aussitôt par le deuxième tableau du deuxième acte de la *Damnation de Faust*, — la taverne d'Auërbach, — chanté par MM. Renaud, Dubois et Cerdan, et les artistes des chœurs. Après un très court entr'acte. MM. Renaud et Dubois ont été très applaudis dans le troisième acte, ainsi que Mlles Barbier, Meunier, Billon, Urban, L. Piron, Sirède, Lozeron, M. Lequien, S. Kubler, I. Laugier, Soutzo, Poncet et les dames du corps de ballet dans les danses. L'orchestres était, comme toujours, admirablement conduit par M. Rabaud.

On a joué ensuite le deuxième acte de *Samson et Dalila*, où MM. Franz, Delmas, Mlle Lapeyrette et le chef d'orchestre Paul Vidal ont eu leur succès habituel.

La représentation s'est terminée par le deuxième acte de *la Fête chez Thérèse*, dansé dans la perfection par Mlles Zambelli et Aïda Boni, Mlles Meunier, Johnsson, Urban, Piron, de Moreira et MM. Raymond, Aveline, Ricaux, Cléret, Bourdel, Javon, etc.

Le Roi et la Reine, avant de se retirer, on fait appeler MM. Messager et Broussan, avec lesquels ils se sont entretenus pendant une dizaine de minutes et qu'ils ont très vivement complimentés.

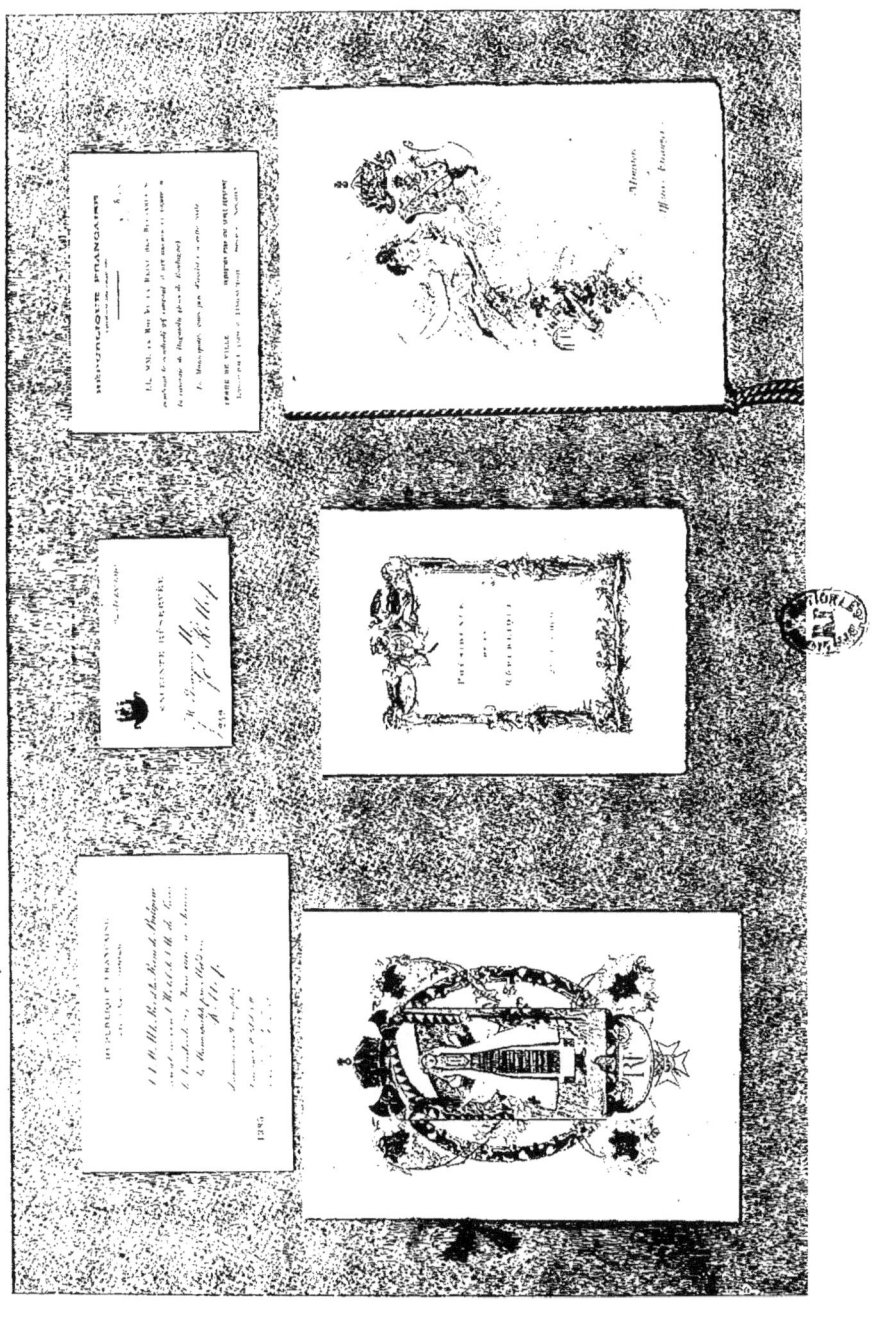

CINQUIÈME JOURNÉE
— 27 juin —

Les souverains bulgares ont quitté séparément, et de fort bonne heure, en automobile, le palais des affaires étrangères.

La reine de Bulgarie a visité, à neuf heures, la Malmaison, accompagnée de M. Dujardin-Beaumetz, sous-secrétaire d'Etat aux beaux-arts, de Mme Stancioff, femme du ministre de Bulgarie à Paris, et de ses demoiselles d'honneur.

La souveraine a été reçue par M. Autrand, préfet de Seine-et-Oise, et Mme Autrand.

Le préfet a présenté à la reine le maire et les adjoints de la ville de Rueil, venus pour présenter leurs hommages, et un groupe de petites filles, conduites par leurs institutrices, qui ont offert une très belle gerbe de fleurs.

La reine a paru très touchée et a manifesté sa très vive satisfaction.

Guidée par MM. Dujardin-Beaumetz et Dumontier, S. M. a visité le château de la Malmaison et a admiré les souvenirs qui y ont été réunis, particulièrement la harpe de l'impératrice Joséphine.

La reine de Bulgarie est partie de la Malmaison pour Versailles vers dix heures, accompagnée de M. Dujardin-Beaumetz, du préfet de Seine-et-Oise et de Mme Autrand.

Elle a rejoint le roi au château.

Le roi était arrivé à neuf heures, accompagné de M. de Bourboulon, son grand chambellan, et avait été reçu par MM. Frid, secrétaire général ; de Nolhac, conservateur du château ; Marcel Lambert et le maire de Versailles.

Le roi a longuement parcouru le château, qu'il connaît admirablement et dont il a pu faire admirer les détails à la reine.

Il est parti à midi pour Paris, après avoir félicité M. de Nolhac, et remercié le préfet de Seine-et-Oise d'être allé recevoir la reine à la Malmaison. Il a déjeuné chez M. Joseph Reinach.

La reine, après avoir visité Trianon, est partie pour Saint-Germain, où elle a déjeuné avec sa suite. Elle rentra à trois heures au quai d'Orsay.

L'après-midi, visite au musée Carnavalet, qui eût lieu sous la conduite de M. Georges Cain.

Le tzar Ferdinand se rendit vers 4 h. 1/4 à la Chambre des députés. Avec sa suite, il arriva au Palais-Bourbon par la rue de l'Université et fut reçu — M. Brisson étant retenu en séance — par M. Berteaux et le personnel de la présidence.

Il entra dans la salle des séances pendant le discours du Président du Conseil. Il en repartit, M. Briand n'ayant pas encore terminé son discours.

Ce discours fut un véritable triomphe pour M. Briand — la presse entière lui adressa des éloges bien mérités pour la fermeté de ses déclarations et la loyauté de ses projets. Ce fut une journée historique rehaussée encore par la présence de S. M. Ferdinand Ier qui ne reste jamais étranger à tout ce qui touche la politique de notre pays. Quelle leçon de choses !..

Le soir, un dîner de 24 couverts a eu lieu, 38, avenue Kléber, à la légation de Bulgarie.

Les invités du roi Ferdinand Ier et de la reine Eléonore étaient le Président de la République, le président du Sénat, MM. Henri Brisson, président de la Chambre des députés ; le ministre des affaires étrangères ; le général Goiran, le contre-amiral de Montferrand, attachés à la personne des souverains pendant leur séjour en France; MM. Léopold Bellan, président du conseil municipal; Ramondou, secrétaire général de la présidence de la République.

MM. Malinoff, Président du conseil et ministre des travaux publics ; le lieutenant-général Paprikoff, ministre des affaires étrangères ; Mouschanoff, ministre de l'instruction publique ; le comte de Bourboulon, grand chambellan du Roi ; le général major P. Markow, aide de camp général ; le général Fitchef, chef d'état-major de l'armée bulgare ; le ministre de Bulgarie à Paris et Mme Stancioff ; M. S. Dobrowitch, chef de cabinet et chancelier des ordres bulgares et le comte de Clinchamp, chambellan, maître de cérémonies.

La table, très luxueuse, était dressée dans la salle à manger du rez-de-chaussée, merveilleusement décorée de fleurs et de plantes vertes.

Aucun toast n'a été porté.

SIXIÈME JOURNÉE
28 juin

LE DÉPART

A onze heures, le Président de la République et Mme Fallières, accompagnés des Personnes de leur Maison, sont allés au palais royal du quai d'Orsay faire leurs adieux aux souverains.

Ceux-ci les ont une dernière fois remerciés pour l'acceuil reçu en France, accueil qui les a profondément touchés, ont-ils ajouté, et qui restera pour eux inoubliable. Ils ont également exprimé au ministre des affaires étrangères et à Mme Pichon leur gratitude pour toutes les attentions dont on les avait entourés pendant leur séjour au palais.

Puis le cortège s'est formé, le Président de la République donnant le bras à la Reine, le Roi à Mme Fallières, et s'est dirigé avec toutes les personnes de la suite vers la gare des Invalides, au milieu des acclamations de la foule, que maintenaient les troupes formant la haie sur le parcours.

Le vestibule de la gare avait été transformé en un vaste et très élégant salon d'honneur, où les Présidents du Parlement, le Président du Conseil et tous les Membres du gouvernement, le Grand Chancelier de la Légion d'honneur, le Gouverneur Militaire de Paris, les Présidents du Conseil municipal et du Conseil général, les deux préfets, le Secrétaire Général du ministère de l'intérieur, le ministre de France à Sofia, le personnel de la légation et le consulat de Bulgarie, MM. Joseph Reinach, Jean Lanes, Beaugey, directeur, Tony Reymond, secrétaire général, et Moisson, chef du mouvement, Camille

Lyon et Guernaut, administrateurs du réseau de l'État, Vallon, administrateur, et Piéron, ingénieur en chef des services actifs du Nord, Touny, Dumonthier, etc., attendaient Leurs Majestés.

Le Roi et la Reine se sont entretenus là très aimablement avec les personnes présentes. A ce moment, on a apporté à S. M. Ferdinand Ier un télégramme que le Roi, après l'avoir ouvert et présenté à la Reine, a communiqué au Président de la République. Ce télégramme était adressé à son père par le prince Boris, héritier de Bulgarie, qui priait Sa Majesté de remercier en son nom M. Fallières.

Le jeune prince ajoutait qu'il était « très fier de pouvoir porter désormais le ruban rouge de la Légion d'honneur et la croix des braves », qu'il venait de recevoir du Président de la République. M. Fallières avait, en effet, octroyé au prince royal de Bulgarie la croix de chevalier. Il voulait lui donner un grade supérieur, mais le roi avait déclaré que l'honneur d'une telle distinction française était assez grand.

L'heure du départ étant arrivée, le cortège se remit en marche pour gagner le quai où se trouvait le train royal, et comme la reine montait dans son wagon-salon, de magnifiques gerbes de fleurs lui furent offertes par le président de la République, la comtesse de La Fargue, femme du consul de Bulgarie à Paris, Mme Pétroff, femme de l'attaché militaire, et la compagnie du réseau de l'État.

La garde rangée sur le quai rendit les honneurs aux souverains, la musique joua l'Hymne bulgare. Enfin le signal du départ fut donné à onze heures quarante et, le train s'éloignant, le Roi et la Reine s'inclinèrent une dernière fois, répondant aux respectueuses salutations des personnes présentes et aux acclamations de la foule des voyageurs qui avaient pénétré dans la gare.

Avec cette sixième journée se termina le voyage officiel. Nos derniers renseignements nous apprennent que

— 32 —

LL. MM. ne quittent pas pour cela France et que la charmante ville de Chantilly va avoir le bonheur de posséder nos Augustes Hôtes pendant quelques jours et incognito.

Le Tzar des Bulgares n'est pas un inconnu pour nous qui écrivons ces lignes, nous avons eu la joie jadis de l'apercevoir lors d'une visite que le Prince Héritier de Bulgarie rendait à son oncle le duc d'Aumale. Nous sommes persuadés que les habitants de Chantilly sauront réserver au Tzar l'accueil qu'ils ont fait jadis au Prince Héritier.

Nous joignons nos cris aux leurs : *Vive le roi! Vive la Reine!*

Mardi 28 juin *minuit*.

Décoration publique et privée — Bibelots populaires. — Cartes postales. — Publicité. — Pièces officielles.

Les drapeaux bulgares placés au centre de trophées de drapeaux français formaient l'unique ensemble de *décoration* tant *publique* que *privée*. A citer tout particulièrement le Palais de l'Elysée, le Ministère de la Marine, l'Opéra, l'Hôtel de ville, la gare St-Lazare, la gare de l'Est, la gare des Invalides, la gare du Bois de Boulogne, ces deux dernières possédaient un salon de réception garni de plantes vertes du plus bel effet. Parmi les maisons particulières les mieux ornées mentionnons principalement les Magasins du Louvre, les Galeries Lafayette, le Printemps, le Comptoir d'Escompte, la Maison Evian, la Société Générale. La maison du Fashionnable qui depuis longtemps orne ses étalages de charges artistiques, n'avait pas manqué d'exposer ce mois-ci le portrait du Tzar Ferdinand Ier.

Nous n'avons trouvé pendant le séjour des Souverains bulgares aucun *bibelot populaire*, cette industrie pourtant si parisienne qui, était si amusante à collectionner, semble morte, aucune médaille commémorative, aucune chanson. La *Carte postale* n'était représentée que par quelques échantillons, nous avions signalé son apparition en 1896 nous avions bien pronostiqué de son éclatant succès, aujourd'hui enregistrons sa disparition presque totale.

Ainsi vont les choses, elles naissent, elles atteignent leur apogée, puis elles disparaissent. Quel objet la remplacera, cette petite *carte* postale ?.,.

Lorsqu'elle était toute puissante et même presque encombrante on l'appelait « LA PETITE REINE », On aurait pu espérer que se souvenant de ce pseudonyme elle fit hommage à tous les collectionneurs du portrait de la charmante petite Reine Elena.

Voici les cartes que nous avons rencontrées : 1° Portrait du Tzar (photo ND.) ; 2° Portrait du Tzar et des Princes ; 3° Portrait de la Tzarine ; 4° Portrait des petites Princesses ; 5° Portrait du Tzar et de ses deux fils ; 6° Portrait du Prince Héritier ; 7° Portrait de la Tzarine en infirmière de Mandchourie enfin une carte charge, par Orens *parue en 1908*.

La *publicité* était représentée par la maison Mariani, et les chemins de fer de l'Etat. Donnons-en ci-dessous le texte.

CHEMINS DE FER DE L'ÉTAT

Voyage de leurs majestés le Tzar et la Tzarine de Bulgarie

En raison des services qui auront lieu dans la journée du mardi 28 juin 1910, à l'occasion du voyage de Leurs Majestés le Tzar et la Tzarine de Bulgarie, des modifications seront apportées à cette date au service des trains des lignes de Paris Saint-Lazare à Paris-Invalides (par l'avenue Henri-Martin et par les Moulineaux), Paris-Saint-Lazare à La Garenne-Bezons, Paris-Saint-Lazare à Saint-Germain (Etat) par Marly-le-Roi, Paris-Saint-Lazare à Versailles R. D., Paris-Invalides à Versailles R. G., Paris à Nantes-Gassicourt, par Poissy, ainsi qu'entre les gares d'Aschères et de Poissy, Grande Ceinture,

Consulter l'affiche spéciale apposée dans les gares.

Le tsar des Bulgares, que Paris a acclamé hier, possède de par ses belles origines françaises, un esprit enjoué, très fin, dont le charmant billet autographe ci-après peut donner un amusant aperçu :

« Vous avez eu une vingtaine d'audiences dans une matinée ; vous avez reçu le corps diplomatique ; vous avez présidé le Conseil des ministres pendant quelques heures ; vous avez encore à prononcer un discours politique devant une centaine de représentants du peuple, plus ou moins avides de constater des défaillances de rhétorique chez le Chef d'État : vite, un ou deux verres de cet excellent Mariani... Toute hésitation disparaîtra, — votre parole coulera limpide, aisée et convaincante ».

Signé : Ferdinand.

Les *Pièces officielles* extrèmement difficiles à rencontrer pour quiconque ne fait pas partie des heureux invités de l'Elysée termineront notre Musée Bulgare, nous avons voulu les reproduire pour les faire apprécier davantage par les privilégiés qui les possèdent et les faire regretter par ceux qui n'ont pu les obtenir :

1º Coupe-files pour la presse, les députés, les diplomates (couleurs variées) ;

2º Menu du dîner de l'Elysée (23 juin) en couleurs, reproduit par la maison Maquet ;

3º Programme de la Fête de l'Elysée (23 juin) reproduit par la maison Maquet ;

4º Menu du dîner offert au Ministère des Affaires Etrangères. Ce menu en couleurs est dessiné par J. Chéret et reproduit par la maison Chaix et Cie.

Ces trois pièces méritent d'être placées dans des vitrines plutôt que dans des Musées, elle font le plus grand honneur à ceux qui les ont composées et éditées.

Les *Revues et journaux* français quotidiens, hebdomadaires ou mensuels ont droit ici à toutes nos félicitations pour le zèle déployé par les reporters et leurs photographes dans le but de renseigner leur clientèle.

Adressons pour terminer que les vues qui ornent notre volume nous ont été offertes le plus aimablement du monde par Le Vérascope Richard. Le Soleil du dimanche. — Les Grands Régionaux. — M. F. de Romani administrateur du *Wores's Graphic Press*, Paris.

Les *Cadeaux royaux* ont été les suivants ; ils sont aussi artistiques que gracieusement choisis et font autant honneur à Celui qui les a distribués qu'à ceux auxquels ils étaient destinés.

Le roi de Bulgarie a remis à Mme Fallières une bonbonnière en or, décorées aux couleurs françaises de brillants, rubis et saphirs portant au centre du couvercle le portrait en émail de Sa Majesté, ayant en sautoir le grand cordon de la Légion d'honneur.

M. Stancioff, ministre de Bulgarie à Paris, a remis de la part du roi au président du Conseil le portrait en or de son souverain, orné d'un riche cadre en argent aux armes royales.

Le portrait porte une dédicace avec l'indication : Paris-Châlon, 23-25 juin 1910.

Parmi les distinctions qu'il a accordées à l'occasion de son séjour, signalons la grand'croix de Saint-Alexandre au général Dalstein et la commanderie du même ordre à MM. Messager et Broussan, directeur de l'Opéra, ainsi que divers grades des ordres bulgares aux membres de la mission française et à divers officiers et hauts fonctionnaires français.

Le Roi a remis lui-même à Mme Pichon une très artistique breloque-broche, et à M. Pichon un superbe coffret à cigarettes en argent ciselé, orné d'un saphir, en souvenir de son séjour au Palais des affaires étrangères.

M. Léopold Bellan, président du Conseil municipal, s'est rendu ce matin à onze heures à la gare des Invalides, pour saluer à leur départ LL. MM. le roi et la reine des Bulgares.

Le roi a renouvelé à M. Bellan, ses remerciements pour l'accueil qui lui a été réservé par les représentants de Paris et la population parisienne et lui a fait savoir qu'il remettait, à titre de don, une somme de 10.000 fr. destinés aux pauvres de Paris.

Pour terminer crions encore une fois ; Vive le Roi ! Vive la Reine.

Henri DARAGON.

H, DARAGON, Imprimeur-Éditeur, 96-98, rue Blanche, Paris.

OUVRAGES PARUS

DANS LA

COLLECTION DE L'HISTOIRE PAR LE « BIBELOT

Le Tsar à Paris en 1896, 1 vol................................	Ep
Le Président Félix Faure en Russie, 1 vol.....................	Ep
Le Président Krüger en France, 1 vol., 8 pl...................	3
L'Empereur Nicolas II aux manœuvres Françaises, 1 vol., 16 pl....	5
Victor Hugo par le Bibelot, 1 vol., 16 pl.....................	5
S. M. Emmanuel III à Paris, 1 vol., 3 pl......................	2
Voyage à Paris de S. M. Edouard VII, 1 vol., 4 pl.............	3
Le Président Loubet en Russie, 1 vol., 5 pl...................	2
Voyage à Paris de S. A. le Bey de Tunis, 1 vol., 3 pl,........	2
S. M. Alphonse XIII à Paris (1905), 1 vol., 4 pl..............	4
S. M. Mozzafer-ed-Dine à Paris (1900-1905), 1 vol., 8 pl......	4
Le Président Loubet en Espagne et en Portugal, 1 vol., 6 pl...	4
S. M. Don Carlos Ier, roi de Portugal, à Paris, 1 vol., 3 pl........	Ep
La famille Impériale de Russie à Cherbourg, 1 vol., 4 pl......	3

Cette Collection unique a été honorée de nombreuses souscriptions d *Présidence de la République Française et des Ambassades, du Dipl* *d'Honneur de 1re classe de la Société Nationale d'Encouragement au B* *de la Médaille d'argent de la Croix-Rouge d'Espagne et d'un Chronom* *en or de S. A. I. le Tsar Nicolas II.*

Pithiviers. — Imprimerie Ganzy, Lavois et Cie

www.ingramcontent.com/pod-product-compliance
Lightning Source LLC
Chambersburg PA
CBHW060945050426

42453CB00009B/1131